THIS BOOK BELONGS TO:

Thank you!

Thank you so much for purchasing this coloring book!
I hope you absolutely loved it! Be sur to follow
us on Amazon to get updates on new books!

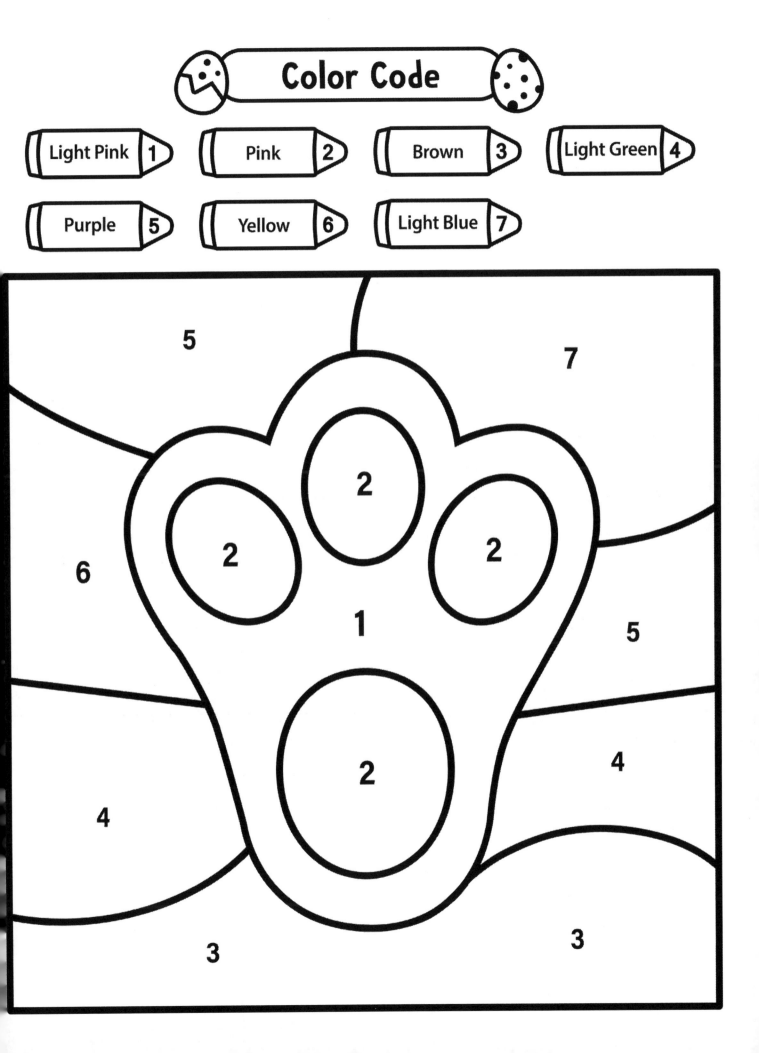

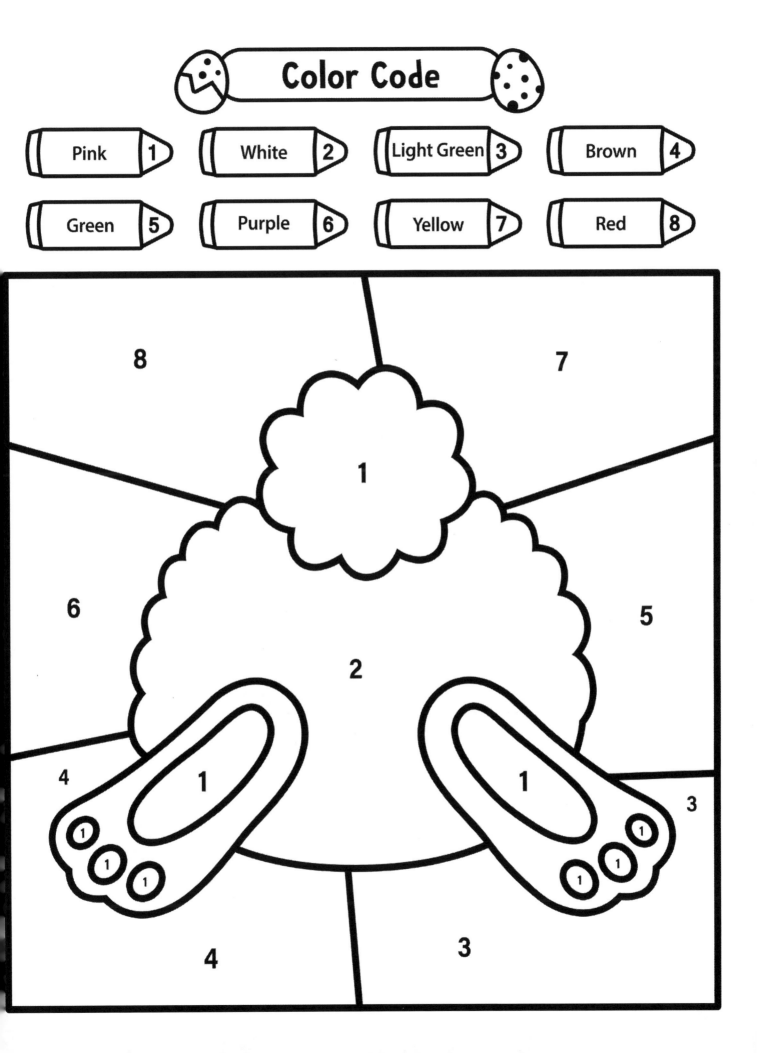

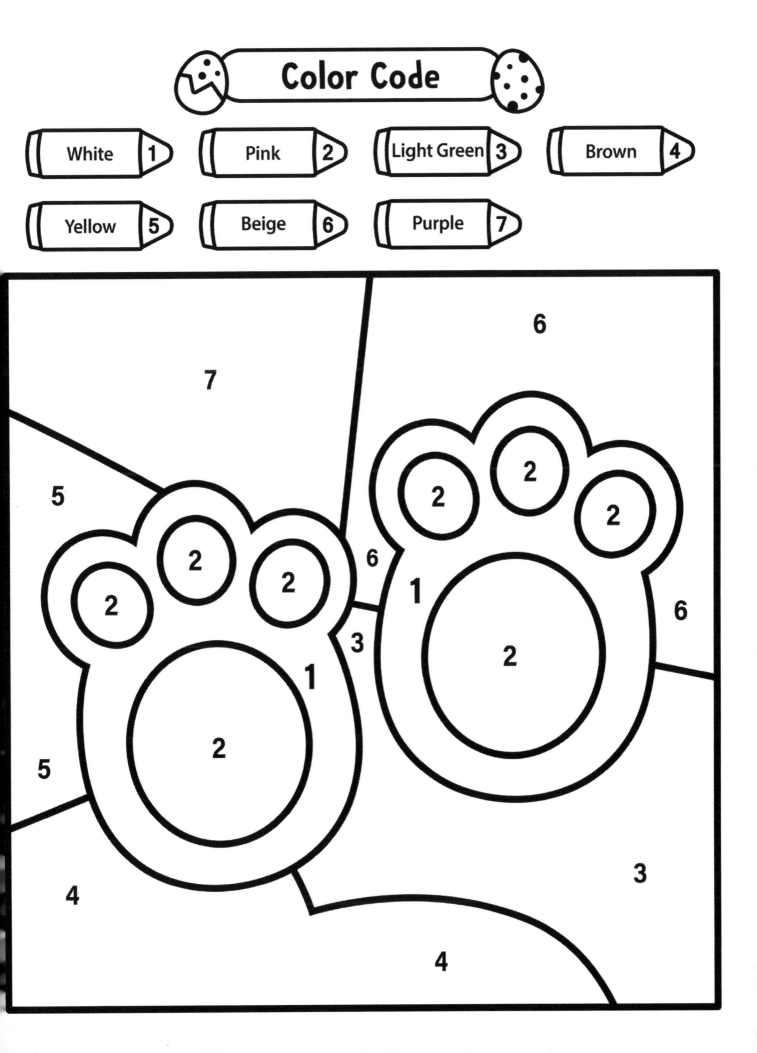

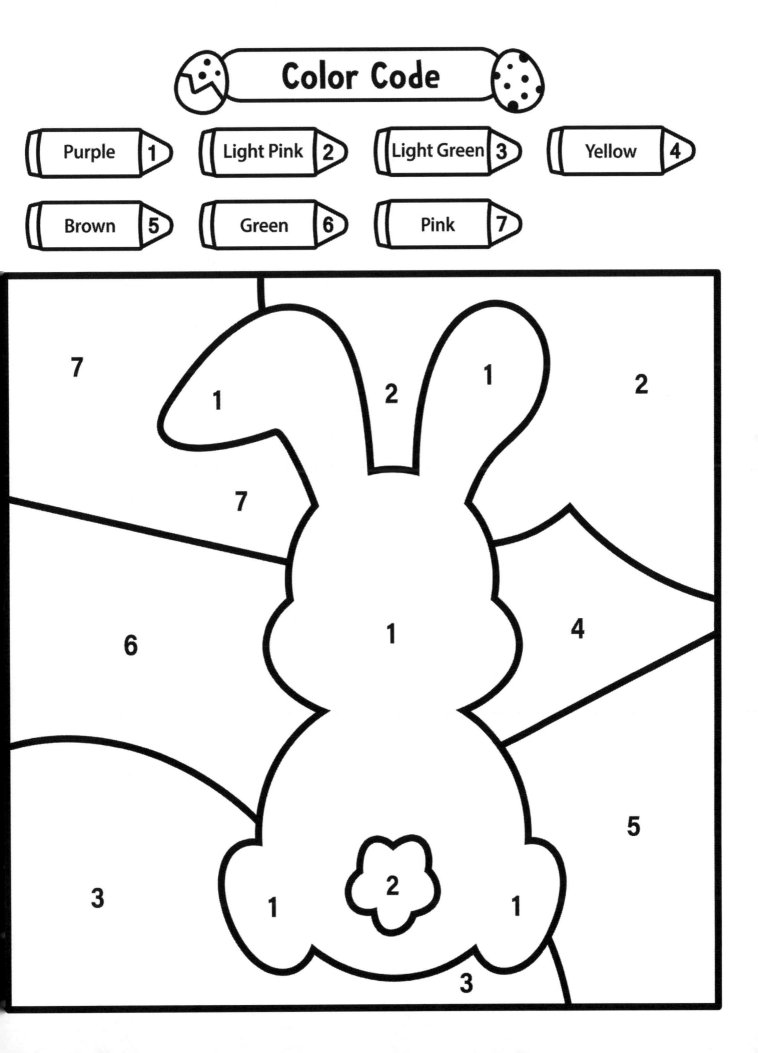

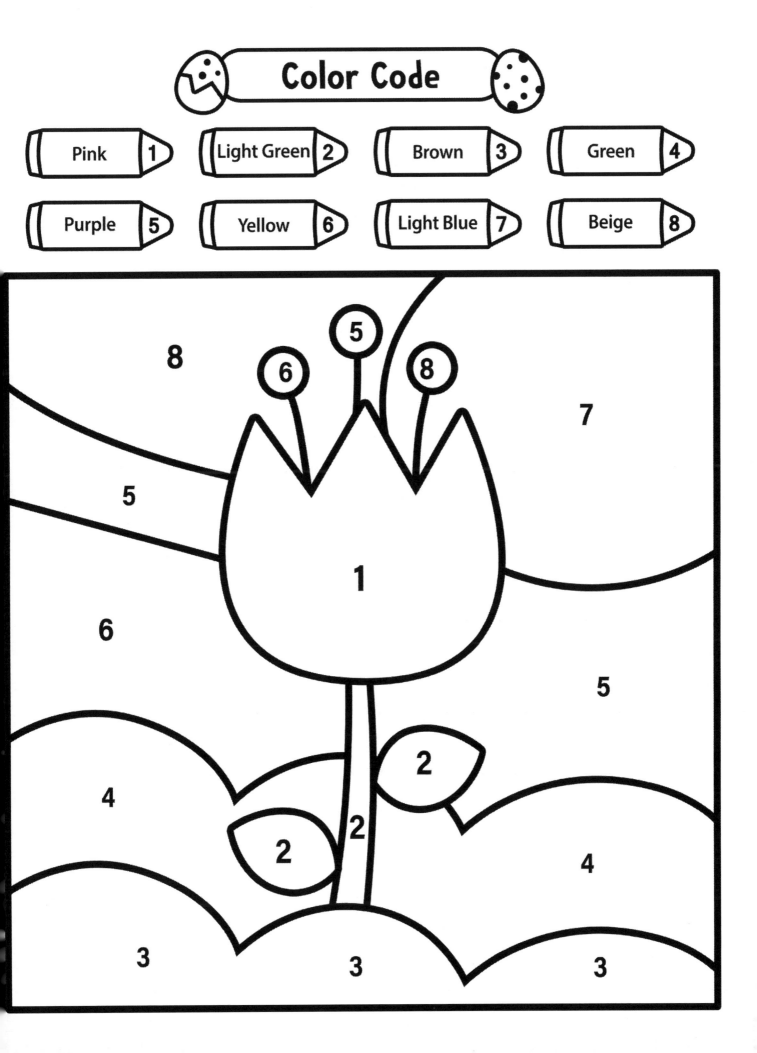

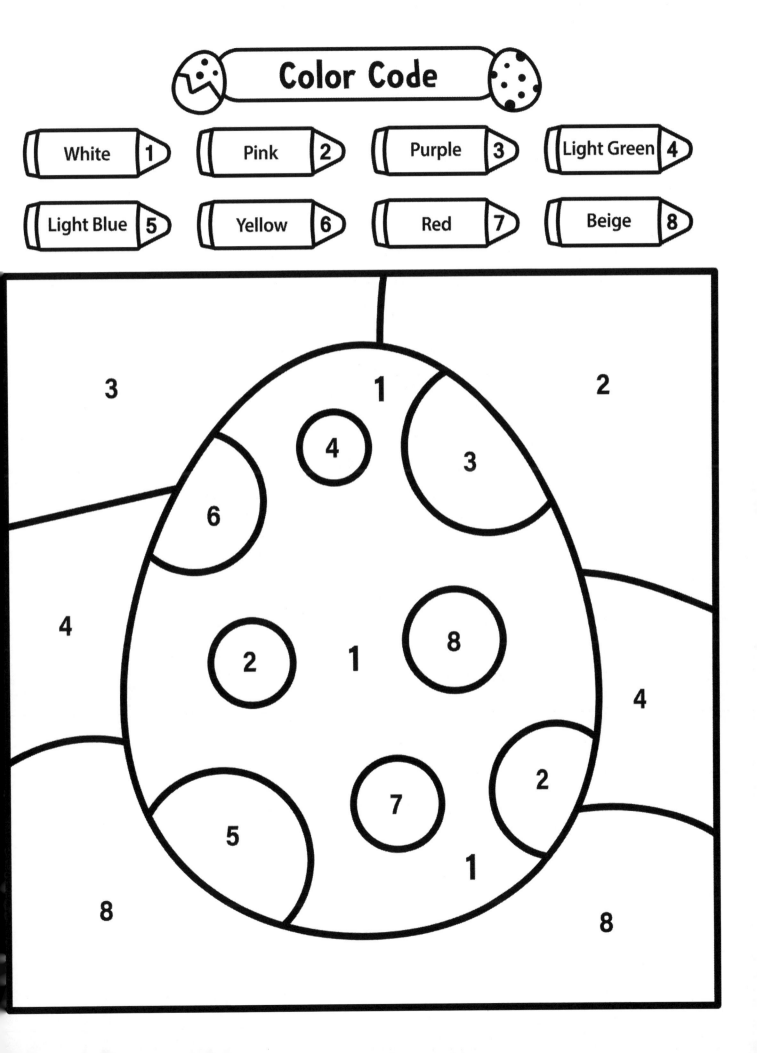

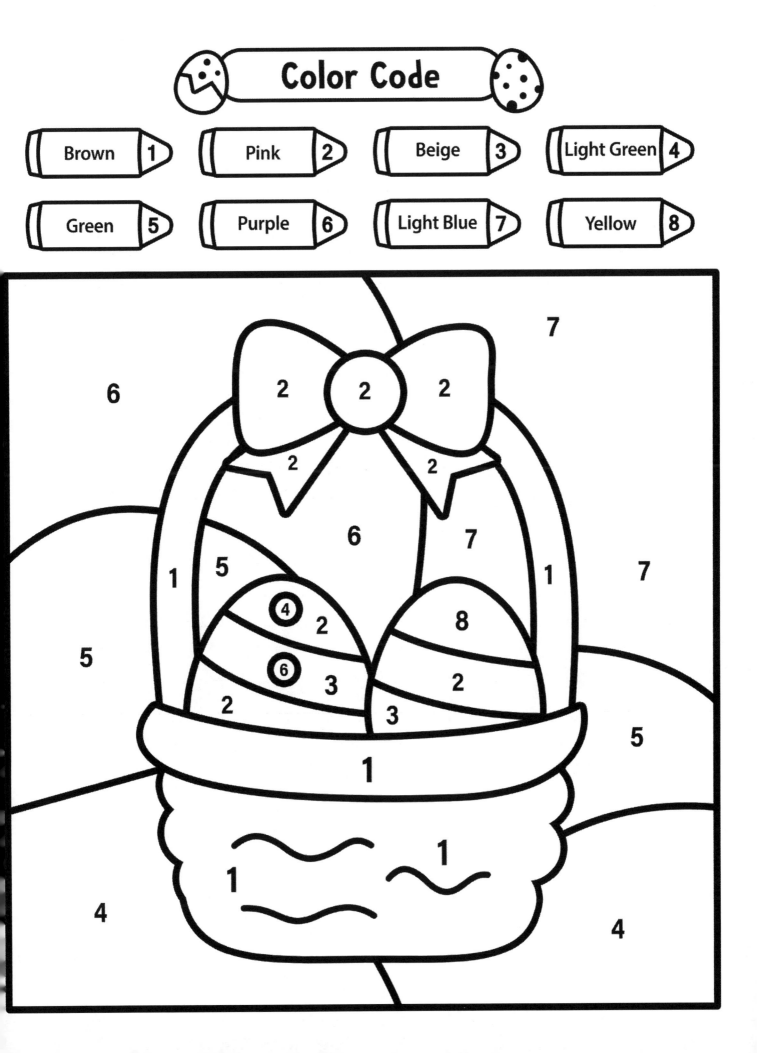

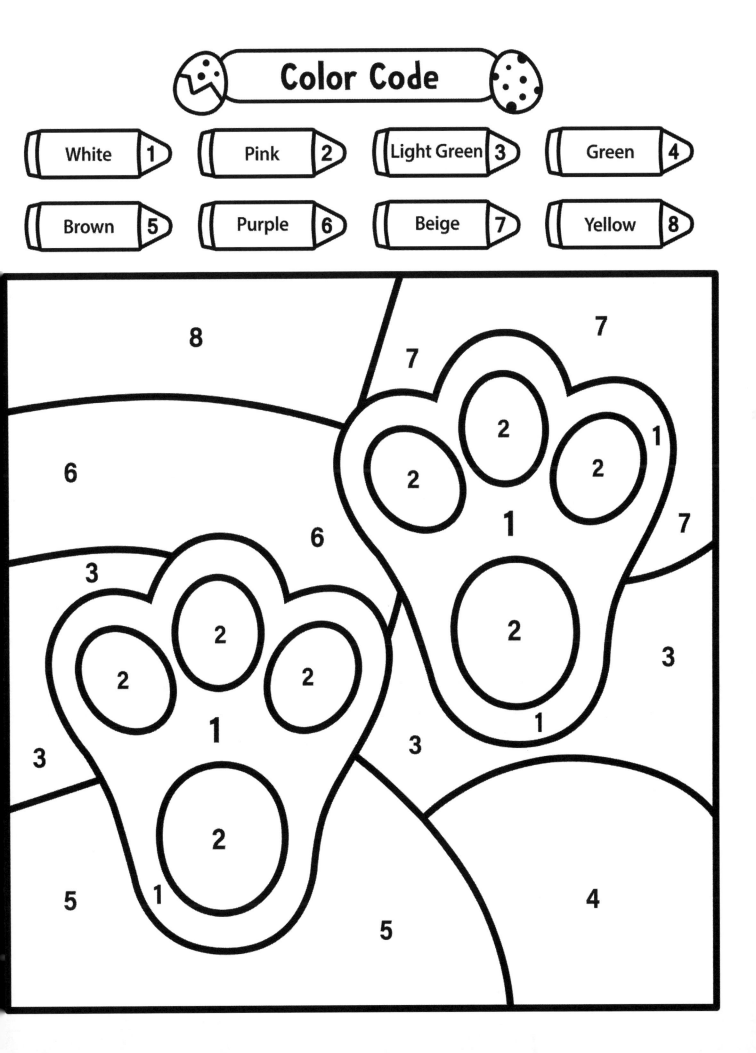

Color Code

Purple **1** Brown **2** Light Green **3** Yellow **4**

Pink **5** Orange **6**

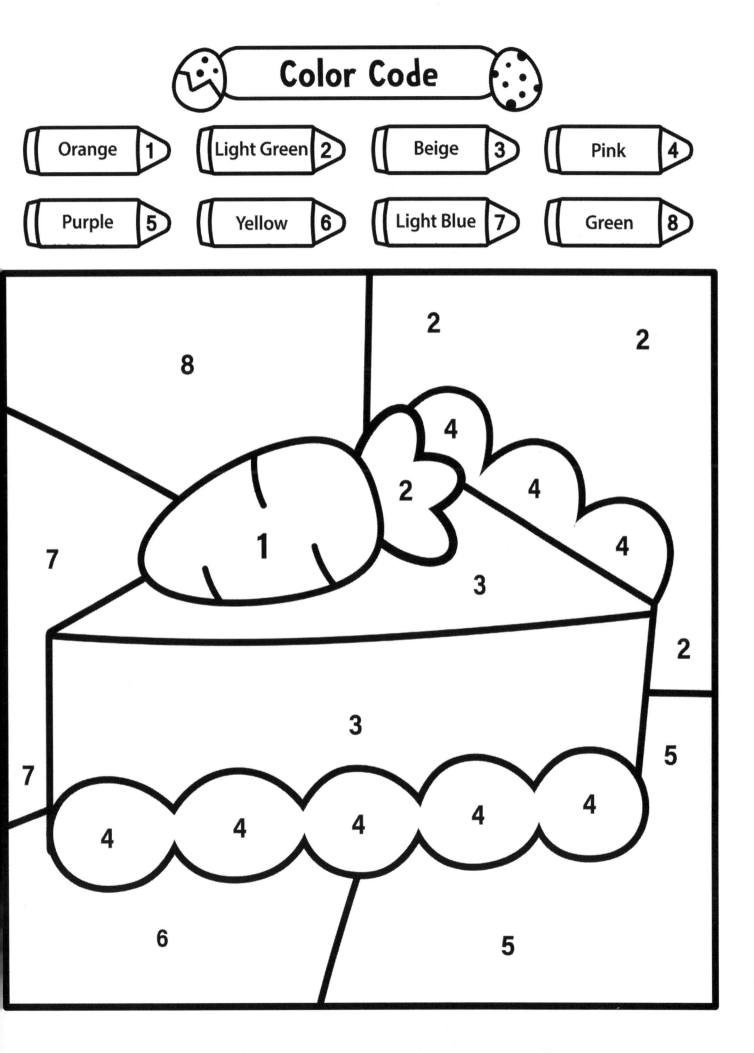

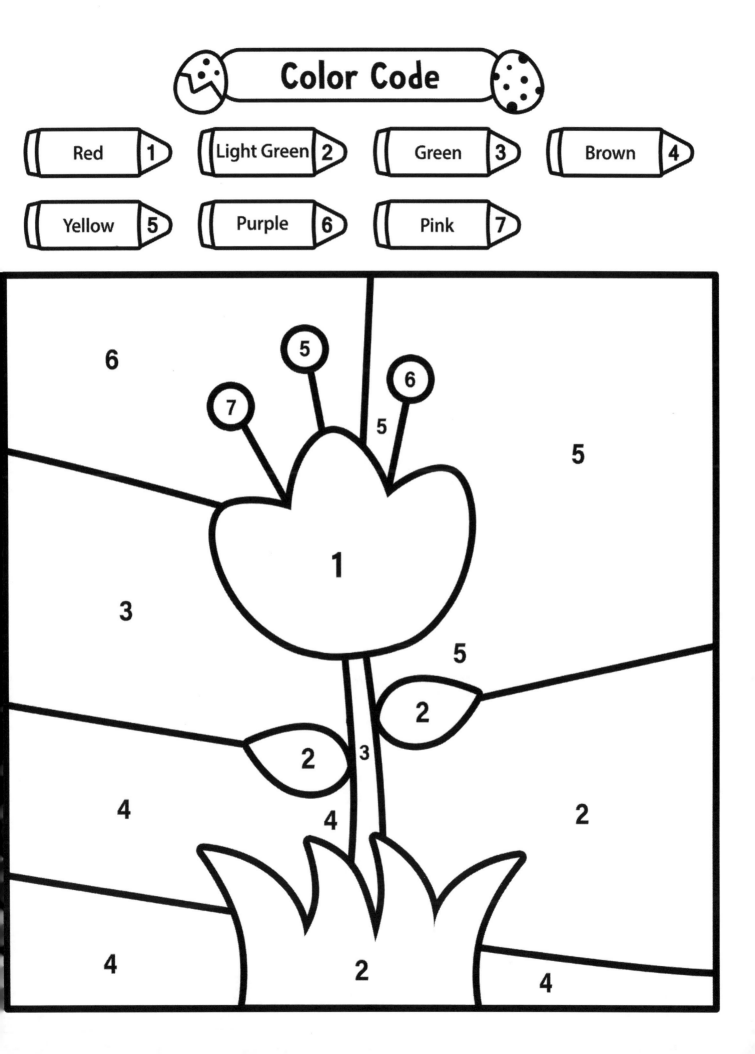

Color Code

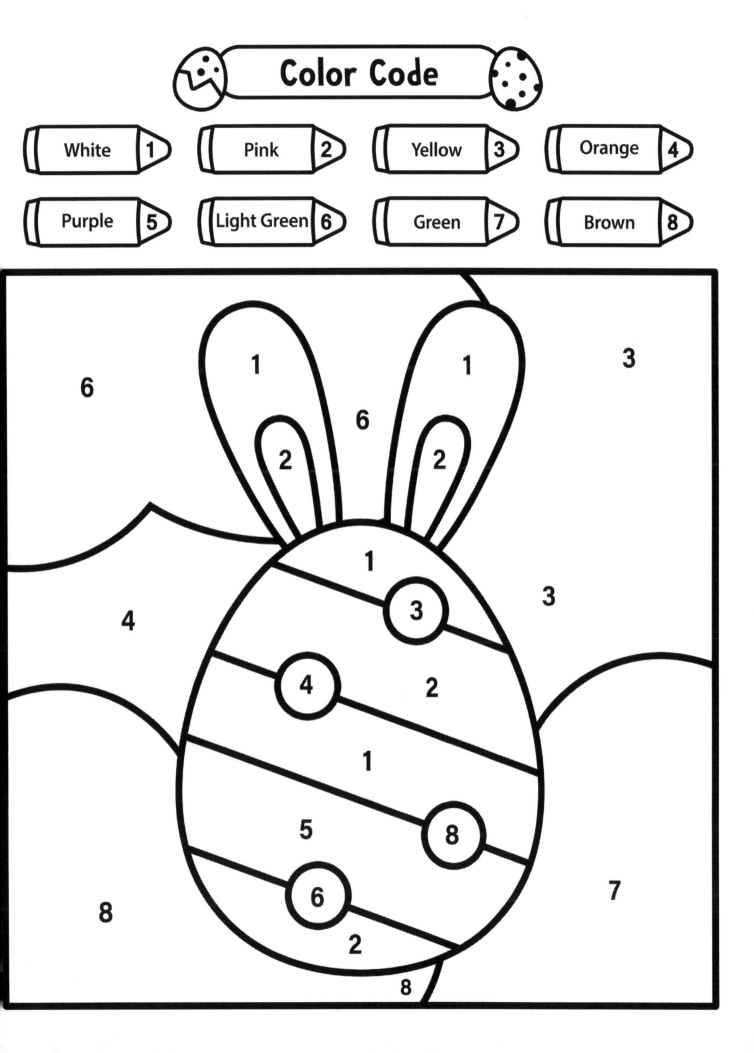

White **1**
Pink **2**
Yellow **3**
Orange **4**
Purple **5**
Light Green **6**
Green **7**
Brown **8**

Color Code

Pink `1` White `2` Purple `3` Yellow `4`

Light Green `5` Light Blue `6` Brown `7` Orange `8`

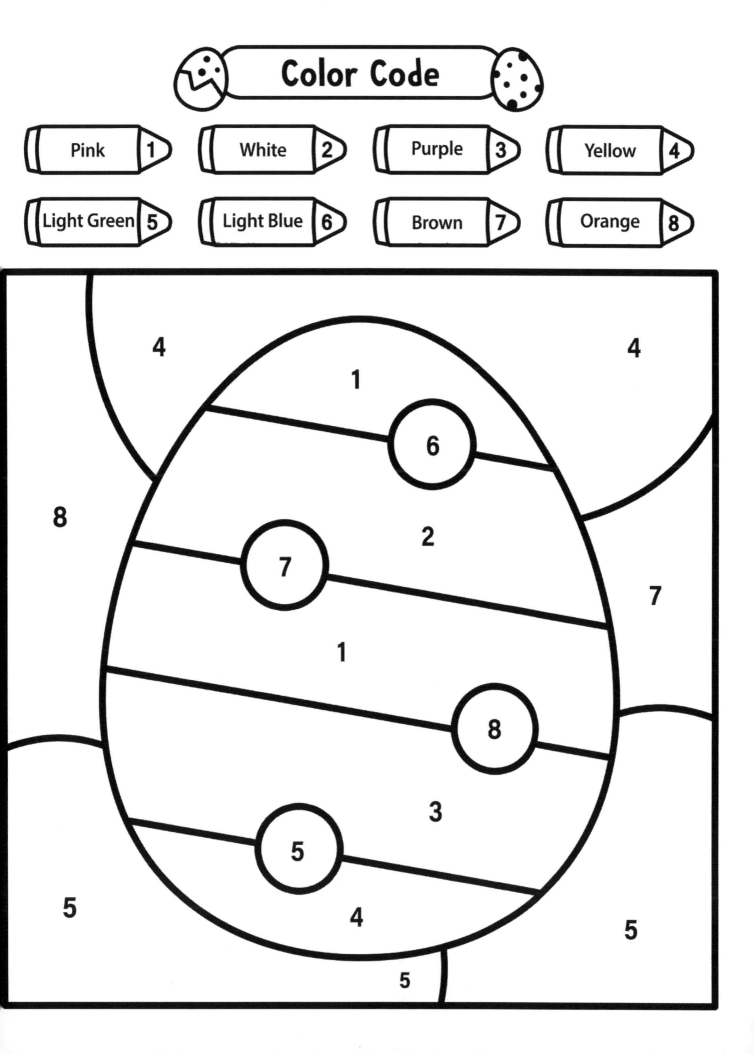

Color Code

Pink **1** White **2** Purple **3** Orange **4**

Light Blue **5** Light Green **6** Yellow **7**

Color Code

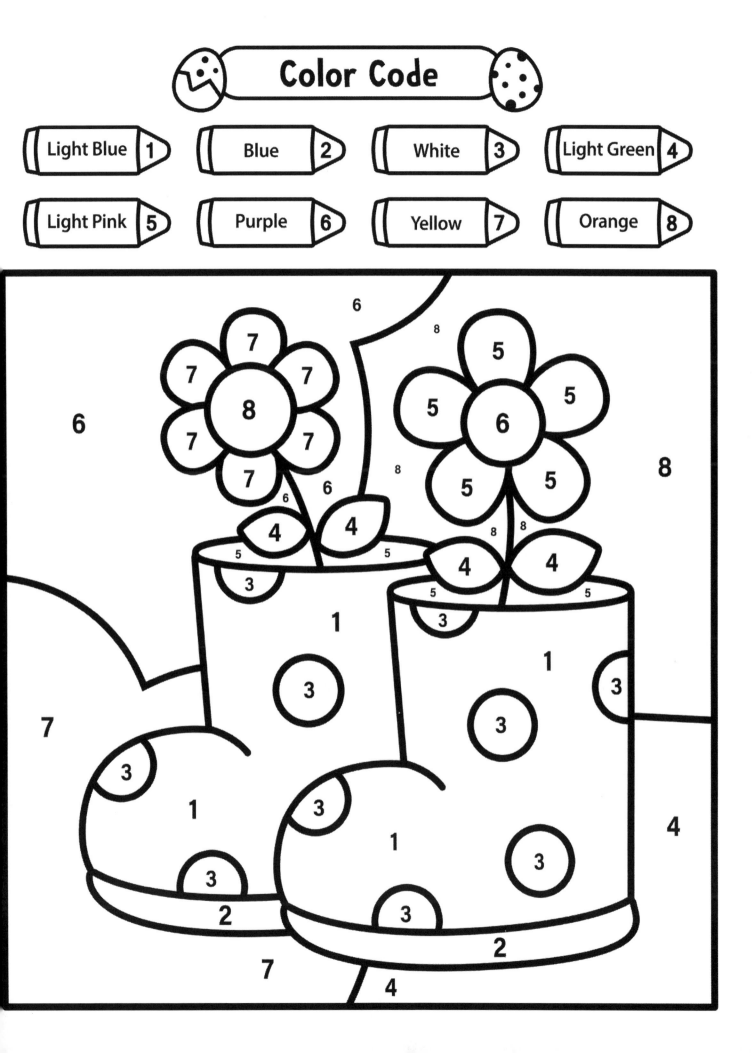

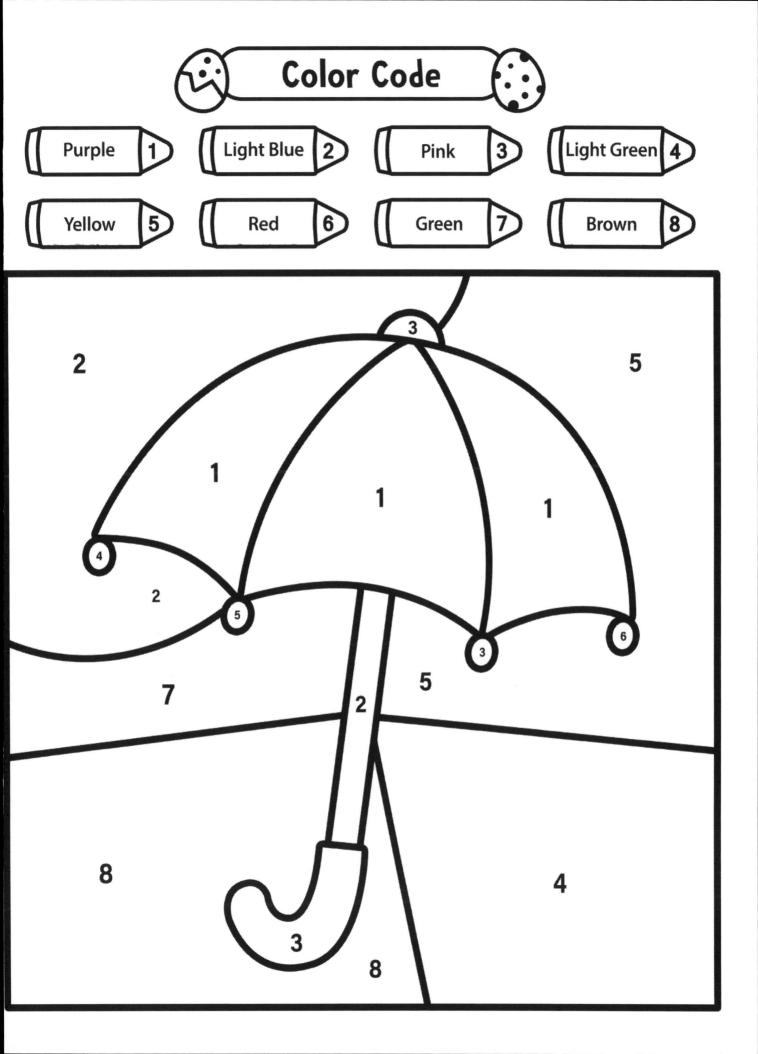

Color Code

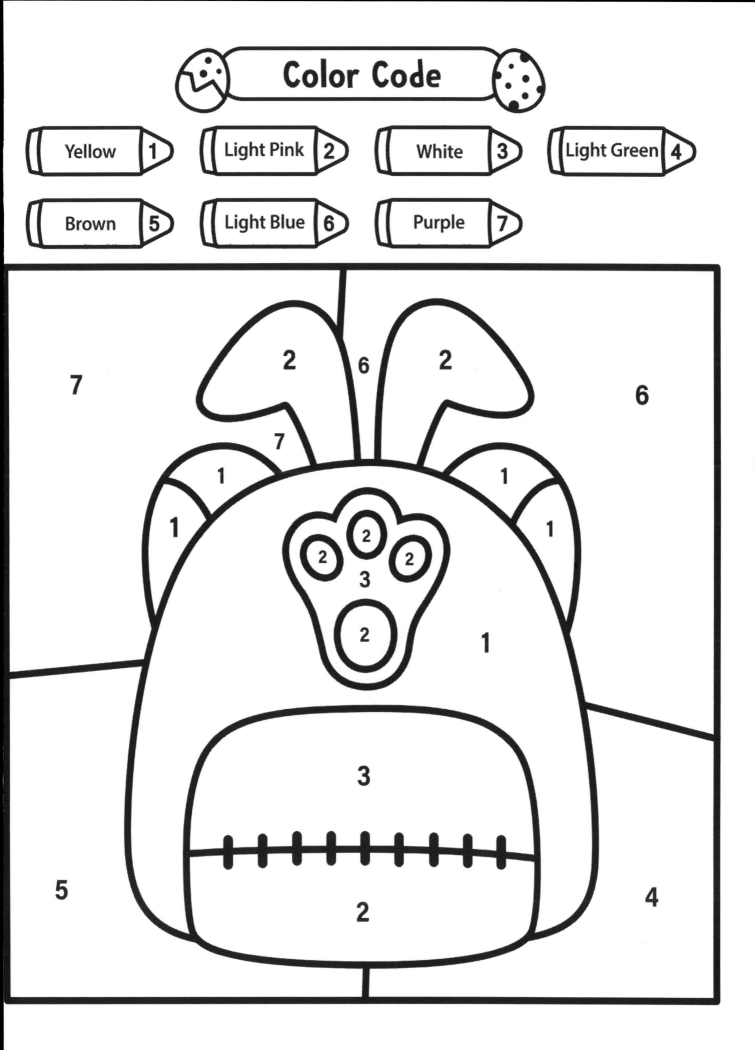

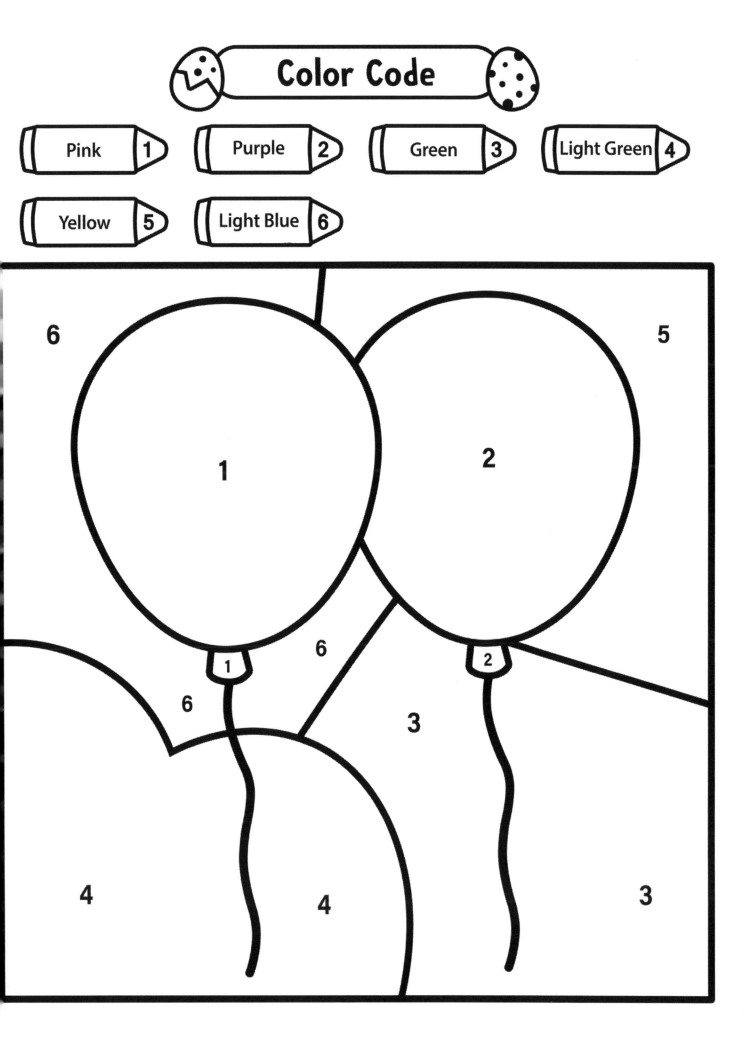

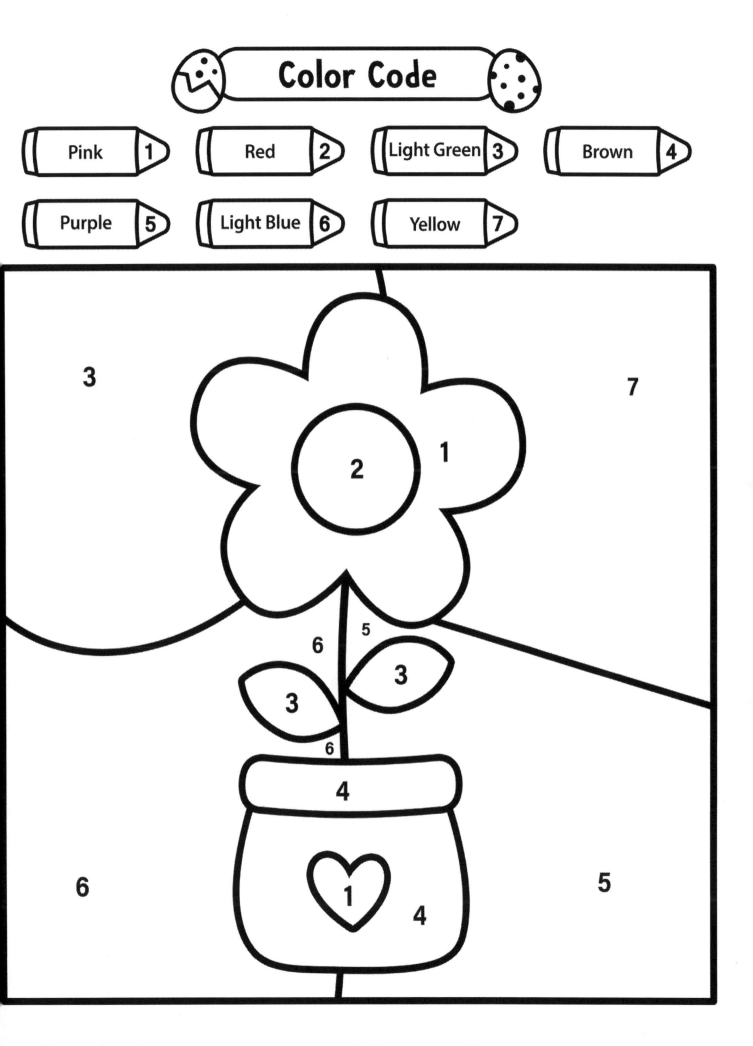

Made in the USA
Las Vegas, NV
21 April 2024

88987700R00046